NOVENA A SANTIAGO EL MAYOR

HISTORIA DE VIDA Y PODEROSAS ORACIONES A SANTIAGO EL MAYOR

Por

REVERENDO HERBE MESSA

Copyright © Todos los derechos reservados @
REVERENDO HERBE MESSA 2024

Tabla de contenido

Introducción

Historia de Santiago el Mayor

Capítulo 1: Día 1 Testimonio de la Transfiguración

Capítulo 2: Día 2 En el huerto de Getsemaní

Capítulo 3: Día 3 Misión Apostólica

Capítulo 4: Día 4 Martirio en Jerusalén

Capítulo 5: Día 5 Santo Patrón de los Peregrinos

Capítulo 6: Día 6 El Camino de Santiago (El Camino de Santiago)

Capítulo 7: Día 7 Defensor de la Fe

Capítulo 8: Día 8 Intercesor por nuestras necesidades

Capítulo 9: Día 9 Una vida de servicio

Conclusión

Introducción

Este libro le servirá de compañero mientras busca la intercesión de este poderoso Santo. En estas páginas, encontrará la vida y el legado de Santiago, el apóstol inquebrantable que fue testigo de la gloria de la Transfiguración de Cristo y estuvo a su lado en momentos de profundo dolor. Explorará las razones por las que innumerables almas a lo largo de la historia han recurrido a Santiago en busca de guía y fortaleza.

Mientras descubres la historia de este apasionado Apóstol, su fe inquebrantable y su impacto duradero en la Iglesia primitiva, deja que esta Novena sea un catalizador para el crecimiento personal, una fuente de consuelo en tiempos de dificultad y una herramienta poderosa para llevar tus peticiones. ante la gracia de Dios.

Historia

Santiago, hijo de Zebedeo y Salomé, se distingue como "el Mayor" para diferenciarse de otro apóstol Santiago, conocido como "el Menor". Sus padres probablemente eran personas adineradas. Zebedeo, su padre, era pescador en el mar de Galilea y posiblemente vivía en Betsaida o Cafarnaúm. Salomé, su madre, fue una mujer piadosa que luego siguió a Cristo y lo apoyó económicamente.

Santiago era hermano de Juan, el discípulo amado, y probablemente el mayor de los dos. Juan conocía personalmente al sumo sacerdote y tenía los medios para cuidar de la madre de Jesús.

Si bien es posible que Santiago y Juan no hayan recibido una formación rabínica formal, probablemente eran hombres de educación ordinaria, dada la posición social de sus padres. No eran líderes religiosos oficiales entre los judíos sino hombres comunes y corrientes de la sociedad judía.

Santiago es descrito como uno de los primeros discípulos que se unió a Jesús, junto con su hermano Juan.

Según los evangelios sinópticos, Santiago y Juan estaban con su padre a la orilla del mar cuando Jesús los llamó a seguirlo, dejando atrás sus redes y el negocio de pesca de su padre (Mateo 4:21-22, Marcos 1:19-20). Santiago tuvo el privilegio de ser uno de los tres apóstoles seleccionados por Jesús para presenciar su Transfiguración, una experiencia profunda que mostró la naturaleza divina de Jesús (Mateo 17:1-13, Marcos 9:2-13, Lucas 9:28-36).

En un incidente notable, Santiago y Juan, o posiblemente su madre, pidieron asientos a la derecha e izquierda de Jesús en su gloria, pero Jesús los reprendió y los otros diez apóstoles se molestaron con ellos por su audacia (Mateo 20:20-28). , Marcos 10:35-45). En otra ocasión, Santiago y su hermano quisieron invocar fuego sobre un pueblo samaritano que había rechazado a Jesús, pero Jesús los reprendió, demostrando su naturaleza misericordiosa y perdonadora (Lucas 9:51-56).

Los Hechos de los Apóstoles registran que Herodes Agripa, también conocido como "Herodes el rey", hizo ejecutar a espada a Santiago, convirtiéndolo en el único apóstol cuyo martirio está registrado en el Nuevo Testamento (Hechos 12:1-2). Este evento ha llevado a la creencia tradicional de que Santiago fue el primero de los doce apóstoles en ser martirizado por su fe. Algunos eruditos, como Nixon, sugieren que el temperamento feroz de James, que le valió a él y a su hermano el sobrenombre de "Boanerges" o "Hijos del Trueno", puede haber contribuido a su martirio (Marcos 3:17).

Santiago es venerado como el santo patrón de España y, según la leyenda, sus restos están consagrados en Santiago de Compostela, Galicia. El nombre Santiago es una evolución local del latín "Sanctu Iacobu", que significa Santiago. Durante siglos, la peregrinación a su tumba, conocida como el "Camino de Santiago", ha sido una tradición querida por los católicos de Europa occidental, con un resurgimiento de su popularidad inspirado en el libro de Walter Starkie de 1957, "El Camino a Santiago". En 2014, 237.886 peregrinos completaron los últimos 100 kilómetros a pie (o 200 kilómetros en bicicleta) hasta Santiago, obteniendo su certificado de Compostela.

Cada pocos años, cuando el 25 de julio cae en domingo, se celebra un año especial de "Jubileo", también conocido como "Año Santo Jubilar Compostelano" o "Año Santo Jacobeo". Durante estos años se abre una puerta especial en la Catedral de Santiago por la que pueden entrar los peregrinos. En el año jubilar de 2004, 179.944 peregrinos recibieron su Compostela, cifra que aumentó hasta 275.135 en 2010.

La fiesta de Santiago se celebra el 25 de julio en las iglesias católica romana, anglicana, luterana y algunas protestantes. En el calendario litúrgico cristiano ortodoxo, su fiesta se celebra el 30 de abril (que actualmente cae el 13 de mayo en el calendario gregoriano moderno).

En Jerusalén, la Catedral Apostólica Armenia de Santiago honra el lugar de su martirio. La Capilla de Santiago el Grande, ubicada dentro de la catedral, marca el lugar tradicional donde fue decapitado por orden del rey Agripa (Hechos 12:1-2). Su cabeza está enterrada bajo el altar, simbolizada por una lápida de mármol rojo rodeada por seis lámparas votivas.

Capítulo 1

Día 1

Testigo de la Transfiguración

Oraciones iniciales

En el nombre del Padre, del Hijo y del Espíritu Santo. Amén.

Oh Dios mío, vengo ante ti reconociendo mis defectos. Confieso mis pecados con un corazón sincero. (Tómate un momento para reflexionar en silencio sobre tus pecados)

Acto de contrición

Oh Dios misericordioso, yo, con un corazón sincero y contrito, detesto todos mis pecados, porque temo la pérdida del Cielo y las penas del infierno; pero sobre todo porque te he ofendido, Dios mío, que eres infinitamente bueno y merecedor de todo mi amor. Resuelvo firmemente, con la ayuda de tu gracia, confesar mis pecados, hacer penitencia y enmendar mi vida. Amén.

Tema: Fe

Hoy, en el primer día de nuestra Novena, reflexionamos sobre la fe inquebrantable de Santiago. Él, junto con su hermano Juan, fue elegido por Jesús para presenciar el impresionante acontecimiento de la Transfiguración. Al embarcarnos en esta Novena, preguntémonos: ¿Cuán fuerte es nuestra propia fe?

Solicitudes de meditación y oración

Tómese un momento para reflexionar en silencio. Considere áreas de su vida donde la fe flaquea. Quizás tenga dudas o tal vez una situación desafiante haya sacudido su confianza.

Reflexiona sobre una situación personal en la que necesitas un aumento en la fe.

¿En quién o en qué puedes apoyarte para recibir apoyo espiritual?

Recuerde sus peticiones de oración específicas para esta Novena.

Pide a Santiago que interceda por ti, fortaleciendo tu fe y guiándote en las dificultades.

Lectura de las Escrituras

(Marcos 9:2-8)

Y después de seis días, Jesús tomó consigo a Pedro, a Santiago y a Juan, y los llevó aparte, aparte, a un monte alto; y fue transfigurado delante de ellos. Sus vestidos se volvieron extremadamente blancos, como ningún lavandero en la tierra podía blanquearlos. Y se les apareció Elías con Moisés, y estaban hablando con Jesús. Y Pedro dijo a Jesús: Maestro, es bueno para nosotros estar aquí; hagamos tres tiendas, una para ti, otra para Moisés y otra para Elías. Porque no sabía qué decir, porque tenían mucho miedo. Y vino una nube que los cubrió, y de la nube salió una voz: Este es mi Hijo amado; a él oíd. Y de repente, mirando a su alrededor, ya no vieron a nadie, sino sólo a Jesús con ellos.

Oraciones finales

Padre nuestro, que estás en los cielos, santificado sea tu nombre; venga tu reino; hágase tu voluntad; en la Tierra como en el cielo. Danos hoy nuestro pan de cada día. Y perdónanos nuestras ofensas, como también nosotros perdonamos a los que nos ofenden. Y no nos dejes caer en la tentación, mas líbranos del mal. Porque tuyo es el reino, el poder y la gloria, por los siglos de los siglos. Amén.

Ave María, llena eres de gracia, el Señor es contigo. Bendita tú entre las mujeres, y bendito el fruto de tu vientre, Jesús. Santa María, Madre de Dios, ruega por nosotros pecadores, ahora y en la hora de nuestra muerte. Amén.

Gloria al Padre, al Hijo y al Espíritu Santo. Como era en el principio, es ahora y será siempre, en un mundo sin fin. Amén.

Santiago el Mayor, ruega por nosotros.

En el nombre del Padre, del Hijo y del Espíritu Santo. Amén.

Capitulo 2

Dia 2

En el Huerto de Getsemaní

Oraciones iniciales

En el nombre del Padre, del Hijo y del Espíritu Santo. Amén.

Oh Dios mío, vengo ante ti reconociendo mis defectos. Confieso mis pecados con un corazón sincero. (Tómate un momento para reflexionar en silencio sobre tus pecados)

Acto de contrición

Oh Dios misericordioso, yo, con un corazón sincero y contrito, detesto todos mis pecados, porque temo la pérdida del Cielo y las penas del infierno; pero sobre todo porque te he ofendido, Dios mío, que eres infinitamente bueno y merecedor de todo mi amor. Resuelvo firmemente, con la ayuda de tu gracia, confesar mis pecados, hacer penitencia y enmendar mi vida. Amén.

Tema: Perseverancia

La reflexión de hoy se centra en la perseverancia de Santiago. Él, junto con Pedro y Juan, acompañó a Jesús al Huerto de Getsemaní, un lugar de inmensa agitación emocional para nuestro Señor. A pesar de sus promesas de permanecer alerta, sucumbieron al sueño. Sin embargo, la dedicación de Santiago a Jesús nunca flaqueó. ¿Cómo cultivamos la perseverancia en nuestras propias vidas, especialmente cuando enfrentamos desafíos o momentos de duda?

Solicitudes de meditación y oración

Tómese un momento para reflexionar en silencio. Considere situaciones en las que haya luchado por perseverar. Quizás haya enfrentado reveses para lograr una meta, o quizás esté luchando contra el desánimo en una situación difícil.

Reflexiona sobre un desafío actual en tu vida que requiere perseverancia.

¿Qué pasos puedes tomar para fortalecer tu resolución?

Recuerde sus peticiones de oración específicas para esta Novena.

Pídele a Santiago que interceda por ti, otorgándote la fuerza y la determinación para perseverar en las dificultades.

Lectura de las Escrituras

(Marcos 14:32-36)

Y fueron a un lugar llamado Getsemaní, y dijo a sus discípulos: "Sentaos aquí mientras oro". Y tomando consigo a Pedro, a Jacobo y a Juan, comenzó a angustiarse y a angustiarse mucho. Y él les dijo: Mi alma está muy triste, hasta la muerte. Quedaos aquí y velad. Y yendo un poco más lejos, cayó en tierra y oró para que, si fuera posible, pasara de él la hora. Y él dijo: "Abba, Padre, todo te es posible; aparta de mí esta copa; pero no lo que yo quiero, sino lo que tú quieras".

Oraciones finales

Padre nuestro, que estás en los cielos, santificado sea tu nombre; venga tu reino; hágase tu voluntad; en la Tierra como en el cielo. Danos hoy nuestro pan de cada día. Y perdónanos nuestras ofensas, como también nosotros perdonamos a los que nos ofenden. Y no nos dejes caer en la tentación, mas líbranos del mal. Porque tuyo es el reino, el poder y la gloria, por los siglos de los siglos. Amén.

Ave María, llena eres de gracia, el Señor es contigo. Bendita tú entre las mujeres, y bendito el fruto de tu vientre, Jesús. Santa María, Madre de Dios, ruega por nosotros pecadores, ahora y en la hora de nuestra muerte. Amén.

Gloria al Padre, al Hijo y al Espíritu Santo. Como era en el principio, es ahora y será siempre, en un mundo sin fin. Amén.

Santiago el Mayor, ruega por nosotros.

En el nombre del Padre, del Hijo y del Espíritu Santo. Amén.

Capítulo 3

Día 3

Misión Apostólica

Oraciones iniciales

En el nombre del Padre, del Hijo y del Espíritu Santo. Amén.

Oh Dios mío, vengo ante ti reconociendo mis defectos. Confieso mis pecados con un corazón sincero. (Tómate un momento para reflexionar en silencio sobre tus pecados)

Acto de contrición

Oh Dios misericordioso, yo, con un corazón sincero y contrito, detesto todos mis pecados, porque temo la pérdida del Cielo y las penas del infierno; pero sobre todo porque te he ofendido, Dios mío, que eres infinitamente bueno y merecedor de todo mi amor. Resuelvo firmemente, con la ayuda de tu gracia, confesar mis pecados, hacer penitencia y enmendar mi vida. Amén.

Tema: Coraje

Hoy nos centramos en la valentía de Santiago. Después de la Ascensión de Jesús, Santiago, impulsado por su fe, se embarcó en una misión audaz: difundir el Evangelio por todo el mundo. Este acto exigió un inmenso coraje, porque se enfrentó a peligros potenciales y desconocidos. ¿Cómo podemos cultivar valentía en nuestra propia vida, particularmente cuando se trata de compartir nuestra fe o perseguir nuestro propósito?

Solicitudes de meditación y oración

Tómese un momento para reflexionar en silencio. Considere situaciones en las que haya necesitado coraje. Quizás dudaste en decir tu verdad, o quizás evitas compartir tu fe con los demás.

Reflexiona sobre un aspecto de tu vida que requiere más valentía.

¿Qué te impide actuar?

Recuerde sus peticiones de oración específicas para esta Novena.

Pídele a Santiago que interceda por ti, otorgándote el coraje para superar el miedo y vivir tu fe con valentía o perseguir tus metas.

Lectura de las Escrituras

(Hechos 1:8)

Pero recibiréis poder, cuando haya venido sobre vosotros el Espíritu Santo, y seréis mis testigos en Jerusalén, en toda Judea, en Samaria, y hasta lo último de la tierra.

Oraciones finales

Padre nuestro, que estás en los cielos, santificado sea tu nombre; venga tu reino; hágase tu voluntad; en la Tierra como en el cielo. Danos hoy nuestro pan de cada día. Y perdónanos nuestras ofensas, como también nosotros perdonamos a los que nos ofenden. Y no nos dejes caer en la tentación, mas líbranos del mal. Porque tuyo es el reino, el poder y la gloria, por los siglos de los siglos. Amén.

Ave María, llena eres de gracia, el Señor es contigo. Bendita tú entre las mujeres, y bendito el fruto de tu vientre, Jesús. Santa María, Madre de Dios, ruega por nosotros pecadores, ahora y en la hora de nuestra muerte. Amén.

Gloria al Padre, al Hijo y al Espíritu Santo. Como era en el principio, es ahora y será siempre, en un mundo sin fin. Amén.

Santiago el Mayor, ruega por nosotros.

En el nombre del Padre, del Hijo y del Espíritu Santo. Amén.

Capítulo 4

Día 4

Martirio en Jerusalén

Oraciones iniciales

En el nombre del Padre, del Hijo y del Espíritu Santo. Amén.

Oh Dios mío, vengo ante ti reconociendo mis defectos. Confieso mis pecados con un corazón sincero. (Tómate un momento para reflexionar en silencio sobre tus pecados)

Acto de contrición

Oh Dios misericordioso, yo, con un corazón sincero y contrito, detesto todos mis pecados, porque temo la pérdida del Cielo y las penas del infierno; pero sobre todo porque te he ofendido, Dios mío, que eres infinitamente bueno y merecedor de todo mi amor. Resuelvo firmemente, con la ayuda de tu gracia, confesar mis pecados, hacer penitencia y enmendar mi vida. Amén.

Tema: Fuerza

Hoy reflexionamos sobre el último acto de fortaleza de Santiago: su martirio. Enfrentó persecución y finalmente la muerte por su fe inquebrantable en Jesucristo. Encontrar fuerza en tiempos difíciles es una lucha humana universal. ¿Dónde encontramos la fuerza para perseverar a través de las dificultades?

Solicitudes de meditación y oración

Tómese un momento para reflexionar en silencio. Considere situaciones en su vida en las que necesite fuerza. Quizás esté enfrentando un problema de salud, una relación difícil o un período de incertidumbre.

Reflexionar sobre un desafío actual que requiere fortaleza.

¿En qué fuentes de fortaleza puede confiar durante tiempos difíciles?

Recuerde sus peticiones de oración específicas para esta Novena.

Pide a Santiago que interceda por ti, otorgándote la fuerza para afrontar tus desafíos con fe y resiliencia.

Lectura de las Escrituras

(Hechos 12:1-2)

Por aquel tiempo el rey Herodes impuso mano violenta a algunos de la iglesia para perseguirlos; y mató a espada a Jacobo hermano de Juan.

Oraciones finales

Padre nuestro, que estás en los cielos, santificado sea tu nombre; venga tu reino; hágase tu voluntad; en la Tierra como en el cielo. Danos hoy nuestro pan de cada día. Y perdónanos nuestras ofensas, como también nosotros perdonamos a los que nos ofenden. Y no nos dejes caer en la tentación, mas líbranos del mal. Porque tuyo es el reino, el poder y la gloria, por los siglos de los siglos. Amén.

María, llena eres de gracia, el Señor está contigo. Bendita tú entre las mujeres, y bendito el fruto de tu vientre, Jesús. Santa María, Madre de Dios, ruega por nosotros pecadores, ahora y en la hora de nuestra muerte. Amén.

Gloria al Padre, al Hijo y al Espíritu Santo. Como era en el principio, es ahora y será siempre, en un mundo sin fin. Amén.

Santiago el Mayor, ruega por nosotros.

En el nombre del Padre, del Hijo y del Espíritu Santo. Amén.

Capítulo 5

Dia 5

Patrona de los Peregrinos

Oraciones iniciales

En el nombre del Padre, del Hijo y del Espíritu Santo. Amén.

Oh Dios mío, vengo ante ti reconociendo mis defectos. Confieso mis pecados con un corazón sincero. (Tómate un momento para reflexionar en silencio sobre tus pecados)

Acto de contrición

Oh Dios misericordioso, yo, con un corazón sincero y contrito, detesto todos mis pecados, porque temo la pérdida del Cielo y las penas del infierno; pero sobre todo porque te he ofendido, Dios mío, que eres infinitamente bueno y merecedor de todo mi amor. Resuelvo firmemente, con la ayuda de tu gracia, confesar mis pecados, hacer penitencia y enmendar mi vida. Amén.

Tema: Viaje

Hoy nos centramos en el legado de Santiago como patrón de los peregrinos. Su vida misma fue un viaje: un viaje de fe, coraje y, en última instancia, martirio. La vida misma es una peregrinación, un viaje con su propio conjunto de desafíos y destinos. Reflexiona sobre el viaje de tu propia vida. ¿Adónde te diriges? ¿Cuáles son los obstáculos que enfrentas en el camino?

Solicitudes de meditación y oración

Tómese un momento para reflexionar en silencio. Considere el viaje de su propia vida. ¿Cuáles son tus metas y aspiraciones? ¿Qué desafíos o incertidumbres hay en tu camino?

Reflexiona sobre una meta o aspiración importante en tu vida.

¿Qué pasos puedes tomar para avanzar en tu viaje?

Identifique cualquier obstáculo que obstaculice su progreso.

Recuerde sus peticiones de oración específicas para esta Novena.

Pídele a Santiago, el santo patrón de los peregrinos, que interceda por ti. Ora por guía en tu viaje, fuerza para superar los obstáculos y coraje para perseverar hacia tus metas.

Lectura de las Escrituras

(Hebreos 11:13-16)

Todos estos murieron en la fe sin haber recibido las promesas, pero las vieron y las saludaron de lejos, y se reconocieron como extraños y huéspedes en la tierra. Porque quienes hablan así demuestran claramente que buscan una patria. Y si hubieran estado pensando en aquella tierra de donde habían salido, habrían tenido oportunidad de regresar. Pero tal como están las cosas, desean un país mejor, es decir, celestial. Por eso Dios no se avergüenza de llamarse Dios de ellos, porque les ha preparado una ciudad.

Oraciones finales

Padre nuestro, que estás en los cielos, santificado sea tu nombre; venga tu reino; hágase tu voluntad; en la Tierra como en el cielo. Danos hoy nuestro pan de cada día. Y perdónanos nuestras ofensas, como también nosotros perdonamos a los que nos ofenden. Y no nos dejes caer en la tentación, mas líbranos del mal. Porque tuyo es el reino, el poder y la gloria, por los siglos de los siglos. Amén.

Ave María, llena eres de gracia, el Señor es contigo. Bendita tú entre las mujeres, y bendito el fruto de tu vientre, Jesús. Santa María, Madre de Dios, ruega por nosotros pecadores, ahora y en la hora de nuestra muerte. Amén.

Gloria al Padre, al Hijo y al Espíritu Santo. Como era en el principio, es ahora y será siempre, en un mundo sin fin. Amén.

Santiago el Mayor, ruega por nosotros.

En el nombre del Padre, del Hijo y del Espíritu Santo. Amén.

Capítulo 6

Día 6

El Camino de Santiago (El Camino de Santiago)

Oraciones iniciales

En el nombre del Padre, del Hijo y del Espíritu Santo. Amén.

Oh Dios mío, vengo ante ti reconociendo mis defectos. Confieso mis pecados con un corazón sincero. (Tómate un momento para reflexionar en silencio sobre tus pecados)

Acto de contrición

Oh Dios misericordioso, yo, con un corazón sincero y contrito, detesto todos mis pecados, porque temo la pérdida del Cielo y las penas del infierno; pero sobre todo porque te he ofendido, Dios mío, que eres infinitamente bueno y merecedor de todo mi amor. Resuelvo firmemente, con la ayuda de tu gracia, confesar mis pecados, hacer penitencia y enmendar mi vida. Amén.

Tema: Orientación

Hoy nos adentramos en la famosa ruta de peregrinación, El Camino de Santiago, o El Camino de Santiago. Este camino, que conduce al lugar donde se cree que está enterrado Santiago, ha servido como viaje espiritual para innumerables peregrinos durante siglos. En la vida, a menudo buscamos orientación en nuestro camino. ¿A donde vamos? ¿Cómo afrontamos los desafíos y las incertidumbres?

Solicitudes de meditación y oración

Tómese un momento para reflexionar en silencio. Considere áreas de su vida en las que busca orientación. Quizás esté enfrentando una decisión difícil o quizás se sienta perdido en su camino actual.

Reflexiona sobre una situación de tu vida en la que necesitas orientación.

¿En quién o en qué recursos puede confiar para obtener dirección?

Identifique cualquier lucha interna que pueda estar nublando su juicio.

Recuerde sus peticiones de oración específicas para esta Novena.

Pídele a Santiago, un poderoso intercesor, que te guíe hacia la claridad y el propósito. Ore por la sabiduría para tomar decisiones sabias y la fuerza para seguir el camino correcto.

Lectura de las Escrituras

(Proverbios 3:5-6)

Confía en el Señor con todo tu corazón, y no te apoyes en tu propia prudencia. Sométete a él en todos tus caminos, y él enderezará tus veredas.

Oraciones finales

Padre nuestro, que estás en los cielos, santificado sea tu nombre; venga tu reino; hágase tu voluntad; en la Tierra como en el cielo. Danos hoy nuestro pan de cada día. Y perdónanos nuestras ofensas, como también nosotros perdonamos a los que nos ofenden. Y no nos dejes caer en la tentación, mas líbranos del mal. Porque tuyo es el reino, el poder y la gloria, por los siglos de los siglos. Amén.

Ave María, llena eres de gracia, el Señor es contigo. Bendita tú entre las mujeres, y bendito el fruto de tu vientre, Jesús. Santa María, Madre de Dios, ruega por nosotros pecadores, ahora y en la hora de la muerte. Amén.

Gloria al Padre, al Hijo y al Espíritu Santo. Como era en el principio, es ahora y será siempre, en un mundo sin fin. Amén.

Santiago el Mayor, ruega por nosotros.

En el nombre del Padre, del Hijo y del Espíritu Santo. Amén.

Capítulo 7

Día 7

Defensor de la fe

Oraciones iniciales

En el nombre del Padre, del Hijo y del Espíritu Santo. Amén.

Oh Dios mío, vengo ante ti reconociendo mis defectos. Confieso mis pecados con un corazón sincero. (Tómate un momento para reflexionar en silencio sobre tus pecados)

Acto de contrición

Oh Dios misericordioso, yo, con un corazón sincero y contrito, detesto todos mis pecados, porque temo la pérdida del Cielo y las penas del infierno; pero sobre todo porque te he ofendido, Dios mío, que eres infinitamente bueno y merecedor de todo mi amor. Resuelvo firmemente, con la ayuda de tu gracia, confesar mis pecados, hacer penitencia y enmendar mi vida. Amén.

Tema: Claridad

Hoy nos centramos en el papel de Santiago como defensor de la fe. Fue un defensor de la verdad e inquebrantable en sus creencias. La claridad de fe es esencial para afrontar los desafíos de la vida. ¿Alguna vez has luchado con dudas o confusión con respecto a tu fe?

Solicitudes de meditación y oración

Tómese un momento para reflexionar en silencio. Considere áreas de su vida donde busca claridad de fe. Quizás estés luchando con cuestiones teológicas, o quizás sientas una desconexión entre tus creencias y tus acciones.

Reflexiona sobre cualquier duda o área de confusión que tengas con respecto a tu fe.

¿Qué recursos puedes explorar para obtener una comprensión más profunda?

Identifique cualquier comportamiento personal que pueda estar en conflicto con sus creencias.

Recuerde sus peticiones de oración específicas para esta Novena.

Pide a Santiago, el defensor de la fe, que interceda por ti. Ore por claridad en la comprensión de su fe y la fuerza para vivir de acuerdo con sus principios.

Lectura de las Escrituras

(Santiago 1:5-8)

Si alguno de vosotros tiene falta de sabiduría, pídala a Dios, que da a todos generosamente y sin reproche, y le será dada. Pero pida con fe, sin vacilar, porque el que vacila es como la ola del mar que es impulsada y sacudida por el viento. Porque no suponga tal hombre que recibirá algo del Señor; es un hombre de doble ánimo, inestable en todos sus caminos.

Oraciones finales

Padre nuestro, que estás en los cielos, santificado sea tu nombre; venga tu reino; hágase tu voluntad; en la Tierra como en el cielo. Danos hoy nuestro pan de cada día. Y perdónanos nuestras ofensas, como también nosotros perdonamos a los que nos ofenden. Y no nos dejes caer en la tentación, mas líbranos del mal. Porque tuyo es el reino, el poder y la gloria, por los siglos de los siglos. Amén.

Ave María, llena eres de gracia, el Señor es contigo. Bendita tú entre las mujeres, y bendito el fruto de tu vientre, Jesús. Santa María, Madre de Dios, ruega por nosotros pecadores, ahora y en la hora de nuestra muerte. Amén.

Gloria al Padre, al Hijo y al Espíritu Santo. Como era en el principio, es ahora y será siempre, en un mundo sin fin. Amén.

Santiago el Mayor, ruega por nosotros.

En el nombre del Padre, del Hijo y del Espíritu Santo. Amén.

Capítulo 8

Día 8

Intercesor de nuestras necesidades

Oraciones iniciales

En el nombre del Padre, del Hijo y del Espíritu Santo. Amén.

Oh Dios mío, vengo ante ti reconociendo mis defectos. Confieso mis pecados con un corazón sincero. (Tómate un momento para reflexionar en silencio sobre tus pecados)

Acto de contrición

Oh Dios misericordioso, yo, con un corazón sincero y contrito, detesto todos mis pecados, porque temo la pérdida del Cielo y las penas del infierno; pero sobre todo porque te he ofendido, Dios mío, que eres infinitamente bueno y merecedor de todo mi amor. Resuelvo firmemente, con la ayuda de tu gracia, confesar mis pecados, hacer penitencia y enmendar mi vida. Amén.

Tema: Esperanza

Hoy, en el octavo día de nuestra Novena, reflexionamos sobre Santiago como un poderoso intercesor. A lo largo de la historia, innumerables personas lo han invocado buscando su intercesión ante Dios. Mientras navegamos por los desafíos de la vida, la esperanza es una fuerza vital. ¿Cómo podemos cultivar la esperanza ante las dificultades?

Solicitudes de meditación y oración

Tómese un momento para reflexionar en silencio. Considere áreas de su vida donde necesita esperanza. Quizás esté enfrentando un problema de salud, una relación difícil o un período de incertidumbre.

Reflexiona sobre una situación específica de tu vida en la que la esperanza se siente disminuida.

¿Cuáles son algunas fuentes de esperanza que pueden sostenerlo en tiempos difíciles?

Identifique cualquier miedo o ansiedad personal que pueda estar obstaculizando su esperanza.

Recuerde sus peticiones de oración específicas para esta Novena.

Pídele a Santiago, un poderoso intercesor, que lleve tus peticiones ante Dios. Oren por una esperanza renovada, fuerza para perseverar a través de las dificultades y un corazón confiado que crea en la posibilidad de días mejores.

Lectura de las Escrituras

(Romanos 15:13)

Que el Dios de la esperanza os llene de todo gozo y paz en el creer, para que por el poder del Espíritu Santo abundéis en esperanza.

Oraciones finales

Padre nuestro, que estás en los cielos, santificado sea tu nombre; venga tu reino; hágase tu voluntad; en la Tierra como en el cielo. Danos hoy nuestro pan de cada día. Y perdónanos nuestras ofensas, como también nosotros perdonamos a los que nos ofenden. Y no nos dejes caer en la tentación, mas líbranos del mal. Porque tuyo es el reino, el poder y la gloria, por los siglos de los siglos. Amén.

Ave María, llena eres de gracia, el Señor es contigo. Bendita tú entre las mujeres, y bendito el fruto de tu vientre, Jesús. Santa María, Madre de Dios, ruega por nosotros pecadores, ahora y en la hora de nuestra muerte. Amén.

Gloria al Padre, al Hijo y al Espíritu Santo. Como era en el principio, es ahora y será siempre, en un mundo sin fin. Amén.

Santiago el Mayor, ruega por nosotros.

En el nombre del Padre, del Hijo y del Espíritu Santo. Amén.

Capítulo 9

Día 9

Una vida de servicio

Oraciones iniciales

En el nombre del Padre, del Hijo y del Espíritu Santo. Amén.

Oh Dios mío, vengo ante ti reconociendo mis defectos. Confieso mis pecados con un corazón sincero. (Tómate un momento para reflexionar en silencio sobre tus pecados)

Acto de contrición

Oh Dios misericordioso, yo, con un corazón sincero y contrito, detesto todos mis pecados, porque temo la pérdida del Cielo y las penas del infierno; pero sobre todo porque te he ofendido, Dios mío, que eres infinitamente bueno y merecedor de todo mi amor. Resuelvo firmemente, con la ayuda de tu gracia, confesar mis pecados, hacer penitencia y enmendar mi vida. Amén.

Tema: Fe en acción

La vida de Santiago ejemplifica el poder de la fe traducida en acción. No era sólo un creyente; difundió activamente el Evangelio y se dedicó a servir a los demás. ¿Cómo podemos traducir nuestra propia fe en acciones concretas en nuestra vida diaria?

Solicitudes de meditación y oración

Tómese un momento para reflexionar en silencio. Considere cómo puede vivir su fe de manera más activa. Quizás puedas ofrecer tu tiempo como voluntario, ofrecer bondad a los necesitados o simplemente esforzarte por encarnar los valores cristianos en tus interacciones con los demás.

Reflexiona sobre un aspecto de tu fe que te gustaría traducir en acción.

Identifique oportunidades en su vida diaria para servir a los demás o demostrar su fe.

Considere cualquier desafío personal que pueda estar obstaculizando su deseo de servir.

Recuerde sus peticiones de oración específicas para esta Novena.

Pídele a Santiago, un siervo de Dios de toda la vida, que te inspire a vivir tu fe de manera más activa. Ore por el valor para salir de su zona de confort, la sabiduría para identificar oportunidades de servicio y la fuerza para perseverar en sus esfuerzos.

Lectura de las Escrituras (Santiago 2:14-17)

¿De qué le sirve, hermanos míos, si alguno dice que tiene fe y no tiene obras? ¿Puede esa fe salvarlo? Si un hermano o una hermana están desnudos y necesitan el alimento diario, y alguno de vosotros les dice: Id en paz, calentaos y saciaos, sin darle lo necesario para el cuerpo, ¿de qué le sirve eso? Así también la fe en sí misma, si no tiene obras, está muerta.

Oraciones finales

Padre nuestro, que estás en los cielos, santificado sea tu nombre; venga tu reino; hágase tu voluntad; en la Tierra como en el cielo. Danos hoy nuestro pan de cada día. Y perdónanos nuestras ofensas, como también nosotros perdonamos a los que nos ofenden. Y no nos dejes caer en la tentación, mas líbranos del mal. Porque tuyo es el reino, el poder y la gloria, por los siglos de los siglos. Amén.

Ave María, llena eres de gracia, el Señor es contigo. Bendita tú entre las mujeres, y bendito el fruto de tu vientre, Jesús. Santa María, Madre de Dios, ruega por nosotros pecadores, ahora y en la hora de nuestra muerte. Amén.

Gloria al Padre, al Hijo y al Espíritu Santo. Como era en el principio, es ahora y será siempre, en un mundo sin fin. Amén.

Santiago el Mayor, ruega por nosotros.

En el nombre del Padre, del Hijo y del Espíritu Santo. Amén.

Oraciones específicas a Santiago el Mayor

Oración por la perseverancia:

Oh Santiago, apóstol de la fortaleza y de la fe inquebrantable, vengo hoy ante ti buscando tu intercesión. Mientras navego por los desafíos y las incertidumbres de la vida, concédeme la perseverancia para mantener el rumbo. Lléname del coraje para superar los obstáculos y de la resiliencia para seguir avanzando, tal como lo hiciste tú en tu propia vida. Ayúdame a nunca perder de vista mis metas y a confiar en el plan de Dios para mí. Amén.

Oración por orientación:

Santiago, patrón de los peregrinos, me encuentro en una encrucijada de mi vida, sin estar seguro del camino que debo tomar. Guíame con tu sabiduría y discernimiento, como guiaste a innumerables peregrinos en sus viajes. Ayúdame a ver claramente el camino correcto y concédeme el coraje para seguirlo, incluso si me lleva fuera de mi zona de confort. Que tu intercesión me lleve hacia una vida llena de propósito y plenitud. Amén.

Oración por la fe en acción:

Santiago, tu vida ejemplificó el poder de la fe traducida en acción. Inspírame a vivir mi fe más activamente. Abre mis ojos a oportunidades para servir a los demás y compartir el amor de Dios con el mundo que me rodea. Ayúdame a superar cualquier miedo o vacilación que pueda impedirme servir a los necesitados. Concédeme la fuerza y la compasión para encarnar los valores cristianos en mis interacciones diarias. Amén.

Oración por la esperanza:

Santiago, poderoso intercesor, acudo a ti en un momento de dificultad y desesperación. La esperanza parece desvanecerse y me cuesta ver un futuro mejor. Reaviva la llama de la esperanza dentro de mí. Recuérdame el amor inagotable de Dios y su promesa de un mañana mejor. Concédeme la fuerza para perseverar a través de los desafíos y la creencia inquebrantable de que el bien prevalecerá. Amén.

Oración a Santiago el mayor

Oh, renombrado Apóstol Santiago, fuiste seleccionado por Jesús para presenciar Su magnífica Transfiguración en el Monte Tabor y Su dolorosa agonía en Getsemaní, debido a tu corazón ardiente y abnegado. Tu nombre simboliza coraje y triunfo, recordándonos tu inquebrantable dedicación a nuestro Señor. Te imploramos, Santiago, que nos concedas la fuerza y el consuelo que necesitamos para perseverar en nuestras luchas continuas a lo largo de esta vida, para que podamos seguir firmemente a Jesús, tal como lo hiciste tú, y finalmente recibir la corona triunfante en el cielo, un testamento. a nuestra fe y perseverancia inquebrantables.

Una breve oración por las necesidades diarias:

Santiago, ruega por mí. Intercede por mis necesidades ante Dios y concédeme la fuerza para enfrentar cualquier desafío que pueda encontrar hoy. Amén.

Conclusión

Con esto concluye la Novena de nueve días a Santiago el Mayor. A lo largo de este camino de oración, hemos reflexionado sobre varios aspectos de la vida y el legado de Santiago. Su coraje, fortaleza, fe inquebrantable y dedicación al servicio sirven como una poderosa inspiración.

A medida que avance, recuerde los temas explorados durante esta Novena. Tomad fuerzas del ejemplo de Santiago y dejad que su intercesión os guíe en el camino de vuestra propia vida. Aquí hay algunas sugerencias para continuar su viaje espiritual:

Mantenga una vida de oración constante: la oración regular es una forma poderosa de conectarse con Dios y nutrir su fe. Continúe incorporando la oración en su rutina diaria.

Vive tu fe: inspirado por la vida de servicio de Santiago, busca oportunidades para traducir tu fe en acciones concretas. Ofrece tu tiempo como voluntario, ofrece bondad a los demás y esfuérzate por incorporar los valores cristianos en tu vida diaria.

Reflexiona y crece: tómate un tiempo para reflexionar periódicamente sobre tu viaje espiritual. Considere registrar en un diario sus pensamientos, experiencias y conocimientos adquiridos durante esta novena. Utiliza estas reflexiones para seguir creciendo en tu fe.

Busque orientación: no dude en buscar orientación espiritual de un líder o mentor religioso de confianza. Sus conocimientos y apoyo pueden ser invaluables en su camino de fe.

Que las bendiciones de Santiago el Mayor permanezcan con vosotros.